patrick

hip

acrylique et prose sèches

L'atelier perché

huit battements, une pulsation...

Ne cesse d'écrire silence,
Entre les mots un léger déséquilibre
L'envahit.
Alors il cherche ce silence écrit,
Au bout du quai, de la nuit,
Du plissement du jour,
Le regard perdu,
La voix tremblante là,
Oui là, dans les paroles non dites,
Là où rien ne peut se voir.

Dans les visages effroyables
Qui s' ensilencent, s'emmurent.
Ce qu'ils sont et ce qu'ils étaient,
Bouche bée,
Douleur au cœur,
Le souvenir du battement premier.

Au seul regard,
À la seule écoute,
Le claquement des doigts.
L'ivresse bue comme la honte,
L'abîme du temps perdu.
Alors, quand le tintamarre a-t-il cessé ?
À quel instant ce vacarme infernal
a-t-il perdu la bataille ?

Le genou à terre implore l' Olympe.

Maintenant il s'agit d'un écroulement,
Du bruit assourdissant d'un écroulement,
Quand l'ensemble chavire
En une fraction de seconde.
Ce qui est et ce qui existait,
Et puis toute cette poussière,
Lente, légère,
Temporairement légère,
Comme suspendue au désir.
Plus rien n'est à sa place,
Sauf peut-être le silence
Qui succède au bruit.
Et le chaos lourd qui s' enracine.

Il faudrait s'engager
Dans l'obscurité, couper
L'épaisseur humide du brouillard.
Trois ou quatre pas
Ou une course rapide,
Quelques secondes à couper le souffle.
Dans ce morceau de nuit,

A-t-on demandé quoi que ce soit ?

Alors fermer les yeux, intranquille,
Et puis *let's get down*.

De toute façon cela commence
Toujours par la musique,
Bien avant l'image,
Tout vient du rythme séquencé,
Ce délicat déhanchement du son.

Il y en a peu qui le savent,
C'est une image-son,
Une syncope.
Quel sens peux-tu donner à ça ?
Nommer cet endroit,
Le noir et le bleu,
Cette danse agitée,
L'abîme trop blanc,
L'oxygène.

À cet instant là, c'est ici.

Dire ce seul regard,
Dans ce bout du monde,
Cet insolent combat où
Le temps fuit comme le sable.
Qu'en est-il du moment où ça bascule ?

Ce désir du vide,
Ce début de l'ailleurs,
Cette invention de la rencontre.

À cet instant là, dis-moi !

La pierre et le plomb jetés,
Derrière, par dessus l'épaule,
Et puis...

Les pieds se croisent,
Les bras flottent,
L'équilibre est précaire
Maintenant,
Alors défier les lois,

De l'apesanteur.
De l'aplomb.
Rester concentrer, inébranlable,
La position instable projette le corps
Dans un espace second.

Il faut accentuer les angles,
Pénétrer l'air qui se dérobe,
Balancer les dernières certitudes,
Le cul par dessus tête,
Regarder le monde à l'envers

L'endroit, ça sera
Dans une seconde,
Dans un instant,
Retour sur les pieds,
Le visage dans le pli du coude
Humer les vapeurs de vie
En pointant le ciel.

.

Le jour ne se lèvera plus
Cela restera dans les tons terreux,
Lui aurait préféré la nuit noire,
Le noir charbonneux des crassiers
à la poussière enchantée des ombres .
Il le sait, c'est l'enfance de l' Art
Le moment où les rêves naissent
Mais il a compris depuis longtemps

Très vite, au premier coup d'œil.

Alors, il observe la comédie,
Il regarde passer les trains,
Il grandit dans les éclaboussures,
Sur les tâches laissées sur le sol.
Au fond des poches,
Dans les poings serrés,
Il le sait,
Son rêve traversera les voies,
Pour aller gifler l'acier.

Lightning Source UK Ltd.
Milton Keynes UK
UKHW020653221019
352009UK00010B/248/P